BEI GRIN MACHT SICH IHR
WISSEN BEZAHLT

- Wir veröffentlichen Ihre Hausarbeit,
  Bachelor- und Masterarbeit

- Ihr eigenes eBook und Buch -
  weltweit in allen wichtigen Shops

- Verdienen Sie an jedem Verkauf

Jetzt bei www.GRIN.com hochladen
und kostenlos publizieren

Bibliografische Information der Deutschen Nationalbibliothek:

Die Deutsche Bibliothek verzeichnet diese Publikation in der Deutschen National-
bibliografie; detaillierte bibliografische Daten sind im Internet über http://dnb.d-
nb.de/ abrufbar.

Dieses Werk sowie alle darin enthaltenen einzelnen Beiträge und Abbildungen
sind urheberrechtlich geschützt. Jede Verwertung, die nicht ausdrücklich vom
Urheberrechtsschutz zugelassen ist, bedarf der vorherigen Zustimmung des Verla-
ges. Das gilt insbesondere für Vervielfältigungen, Bearbeitungen, Übersetzungen,
Mikroverfilmungen, Auswertungen durch Datenbanken und für die Einspeicherung
und Verarbeitung in elektronische Systeme. Alle Rechte, auch die des auszugsweisen
Nachdrucks, der fotomechanischen Wiedergabe (einschließlich Mikrokopie) sowie
der Auswertung durch Datenbanken oder ähnliche Einrichtungen, vorbehalten.

Impressum:

Copyright © 2017 GRIN Verlag
Druck und Bindung: Books on Demand GmbH, Norderstedt Germany
ISBN: 9783668742536

Dieses Buch bei GRIN:

https://www.grin.com/document/427269

Susanne Wimmer

Marktanalyse und Marketingplanung für ein Gesundheitsstudio in Köln

GRIN Verlag

GRIN - Your knowledge has value

Der GRIN Verlag publiziert seit 1998 wissenschaftliche Arbeiten von Studenten, Hochschullehrern und anderen Akademikern als eBook und gedrucktes Buch. Die Verlagswebsite www.grin.com ist die ideale Plattform zur Veröffentlichung von Hausarbeiten, Abschlussarbeiten, wissenschaftlichen Aufsätzen, Dissertationen und Fachbüchern.

Besuchen Sie uns im Internet:

http://www.grin.com/

http://www.facebook.com/grincom

http://www.twitter.com/grin_com

Deutsche Hochschule für
Prävention und Gesundheitsmanagement
Hermann Neuberger Sportschule 3
66123 Saarbrücken

Hausarbeit (kollektive Prüfungsleistung)

Name, Vorname	Wimmer, Susanne
Modul	Marketing I
Studiengang	Gesundheitsmanagement
Datum Präsenzphase	20.-22.03.2017
Studienort	München
Gruppe bzw. zu bearbeitende Stadt	Gruppe 6 / Köln
Unternehmenstyp*	**Gesundheitsstudio**

Inhaltsverzeichnis

1 Marktbeschreibung/ -analyse

1.1 Allgemeine Informationen über den Unternehmenstyp

Bei unserem geplanten Studio handelt es sich um ein **Gesundheitsstudio.** In diesem Studio, mit dem Namen „FitMotion" soll ein medizinisches Training angeboten werden. Unsere Zielgruppe sind die sog. **„Gesundheitskunden"** (siehe Fitness Management international, Vom Fitnessanbieter zum Gesundheitsspezialisten). Damit sind die „Millionen von Menschen in Deutschland gemeint, die sich täglich mit gesundheitlichen Problemen wie Arthrose, Rheuma, Herz-Kreislauf-Erkrankungen, Inkontinenz, ja und sogar mit Burnout oder Krebserkrankungen durch den Alltag plagen" (siehe Fitness Management international, Vom Fitnessanbieter zum Gesundheitsspezialisten).

Die Hauptzielgruppe unseres Studios weißt folgende Merkmale auf.

- Geografisch
  - o Wohnhaft im Westen Kölns im Stadtteil Lindenthal

- Sozial-demografisch
  - o Mittleres bis gutes Einkommen
  - o Alter nicht in einem bestimmten Bereich festgelegt, jedoch vorwiegend Männer und Frauen mittleren Alters

- Psychografisch
  Personen die:
  - o Gesundheitsbewusst sind
  - o Unter ihren gesundheitlichen Problemen leiden
  - o Wert auf Betreuung legen
  - o Anleitung und Kontrolle benötigen/ möchten
  - o Großen Wert auf hochwertige Ausstattung und hohe fachliche Kompetenz des Personals legen

- Verhaltensorientiert
  - o Preis-/ Leistungsverhältnis wichtig
  - o Kundenbindung ist hoch, wenn Ziele erreicht werden
    - Wenn die Ziele nicht erreicht werden, ist die Bereitschaft zum Wechseln ebenfalls hoch

„ Ein Unternehmen muss entscheiden, **wo** es seine Produkte bzw. seine Marken (und auch das Unternehmen selbst) in einem Markt, indem sich in der Regel bereits viele andere Anbieter und Produkte befinden, **positionieren** möchte. [...] Ziel der Positionierung ist zum einen, dass das Produkt bzw. die Marke von den Konsumenten als etwas **bestimmtes wahrgenommen** werden soll " (siehe Welt der BWL,). – In unserem Fall soll das Studio als Anlaufort gesehen werden, um medizinisches Fitnesstraining in **angenehmer** und **persönlicher** Atmosphäre zu erleben. Das geplante Gesundheitsstudio im Kölner Westen soll sich durch ein „**familiäres Umfeld**" (siehe Fitness Management International, 04/16, Bestandsanalyse und dann?) auszeichnen. Durch die **Nähe zum Kunden** soll sich ein „Wettbewerbsvorteil gegenüber der Konkurrenz" (siehe Fitness Management International, Bestandsanalyse und dann?) ergeben.

Tab. 1 Produktpolitik

Produkte/ Leistungen	Begründung
Ausdauergeräte mit individuell einstellbarer Trainingsintensität (sehr genaue Einstellung schon ab geringer Wattzahl)	Je nach gesundheitlichem Problem muss die Intensitätssteuerung sehr individuell und spezifisch änderbar sein.
Moderne **Kraftgeräte**, die verständlich und leicht zu bedienen sind.	Da ein Großteil unserer Zielgruppe mittleren bis höheren Alters ist, ist es wichtig dass die Geräte nicht durch zu viel Technik und komplizierten Einstellungen abschrecken.
Qualifiziertes Personal, mit hoher Fachkompetenz für die Betreuung der Kunden	Hohe Fachkompetenz und optimale Betreuung ist besonders älteren Menschen besonders wichtig.
Breitgefächertes **Kursangebot**	Durch ein breit aufgestelltes Kursangebot können möglichst viele Kundenwünsche und -bedürfnisse befriedigt werden. Durch ein gemeinsames Training in der Gruppe steigt die Motivation, soziale Kontakte können geknüpft werde und eine optimale Übungskontrolle ist gegeben
Verkauf von Shakes, Proteinriegeln, Kaffee und Tee	Umsatzerhöhung und Kundenbindung (Kundenbindung durch eine erhöhte Kundenzufriedenheit).

Tab. 2 Preispolitik

Preise/ Konditionen	Begründung
Monatsbeitrag: 55€ (12-Monate) 50€ (24-Monate)	Mittleres Preissegment

Trainerpauschale:	Sicherung einer optimalen Betreuung durch
49€ halbjährlich	ausgebildete Trainer
Aufnahmegebühr:	Erste Trainingseinweisung, Clubkarte,
99€ einmalig	Verwaltungskosten, 3 Geschenkgutscheine für
	Freunde/ Bekannte für einen Probetag
Laufzeiten der Mitgliedschaften:	Möglichst lange Kundenbindung
12 und 24 Monate	
Vergünstigung für die umliegenden Firmen	Möglichkeit der Werbefläche, Erhöhung der
(ab 20 im Studio trainierenden Mitarbeitern)	Mundpropaganda, Aufbau von einem
10% auf den Monatsbeitrag	Kundenstamm

Tab. 3 Distributionspolitik

Maßnahmen	Begründung
Standort etwas außerhalb der Kölner Innenstadt	• Gute Erreichbarkeit mit dem Auto (Parkmöglichkeiten) • Gute Anbindung an öffentliche Verkehrsmittel
Öffnungszeiten: Montag – Freitag: 8 – 22 Uhr Samstag und Sonntag: 10-18 Uhr	• Training ist vor und nach der Arbeit möglich • Training auch an Wochenenden möglich
Vereinbarung von Probetrainings, Informationsgesprächen und Trainingseinweisungen/ Trainingsplanumstellungen **per Telefon** oder **direkt an der Studiotheke**	• Persönlicher Kontakt • Bessere Informationsgewinnung durch persönliches Gespräch

1.2 Lage und Standort des Unternehmens

Das geplante Studio befindet sich im Westen Kölns. Die genaue Adresse lautet: **xxxx**. Das Studio wird im Westen der Stadt eröffnet, da wir dort eine ruhigere Wohnlage haben. Hier hatten wir die Möglichkeit eine Immobilie zu finden, die uns nicht nur den ausreichenden Platz bietet, sondern ebenfalls genügend Parkmöglichkeiten und eine gute Anbindung an die öffentlichen Verkehrsmittel.

1.3 Bestimmung von zwei Marktgebieten

Unser Studio befindet sich in der Für die Bestimmung der beiden Marktgebiete wurde jeweils eine Anfahrtszeit von **5-7 Minuten (Marktgebiet 1 - grün)** bzw. eine

Anfahrtszeit von 10-12 Minuten (**Marktgebiet 2 - rot**) bestimmt. Die Marktgebiete wurden mit Hilfe von erstellt. Der Maßstab ist der Abbildung zu entnehmen.

Abb. 1 Marktgebiete I und II

Abbildung musste von der Redaktion entfernt werden.

Die beiden Mitbewerber befinden sich beide im Marktgebiet 2.

Mitbewerber 1 – Curati Medical Sports club – befindet sich **4,4 km** in **nordwestlicher** Richtung. Der Mitbewerber 2 – Gesundheitstraining Inka Liegmann – befindet sich **4,2** km in **westlicher** Richtung.

1.4 Makroumfeldanalyse und Abschätzung des Marktpotentials

Kaufkraft:

Die Kaufkraft der Stadt Köln lag 2016 bei einem Kaufkraft Index von **108,5** (vgl. gfk, 2015). Der Kaufkraftindex wurde von der GFK festgelegt, wobei der Index 100 für den Landesdurchschnitt steht. Im Vergleich zu anderen Großstädten – München Kaufkraftindex 135,2; Bonn Kaufkraftindex 112,5 – liegt Köln im **unteren Oberbereich.**

Arbeitslosenquote:

Die Arbeitslosenquote beträgt **8,6%** (vgl. Bundesagentur für Arbeit, 2017), das entspricht **48.815 Arbeitslosen** im **April 2017** (vgl. Bundesagentur für Arbeit, 2017). Im Vergleich zum Vorjahresmonat ist diese Arbeitslosenzahl **gesunken**, es besteht aktuell eine **Differenz von 2462 Arbeitslosen** bzw. jetzigen Arbeitnehmern (vgl. Bundesagentur für Arbeit, 2017).

Altersverteilung:

Der Großteil der Bevölkerung ist **30- und 49- Jahren (327.931 Personen)**, dicht gefolgt von den **40 bis 64- Jährigen (207.018 Personen)** (vgl. Neue Kölner Statistik, 2017). Die Zahl der **über 65 - Jährigen** liegt bei **189.588 Personen** (vgl. Neue Kölner Statistik, 2017). Die Bevölkerung zwischen **18 und 29 Jahren** zählt **183.062 Personen, unter 18 Jahren** zählt sie **174.102 Personen** (vgl. Neue Kölner Statistik, 2017).

Die Marktgebiete 1 und 2 befinden sich zum Großteil im Stadtteil Lindenthal, zu kleinem Teil in den Stadtbezirken Ehrenfeld und Frechen. Die genauen Einwohnerzahlen und Aufteilungen können der Tabelle entnommen werden.

Tab. 4 Einwohnerzahlen

Stadtteil	Anteil Marktgebiet im Stadtteil	Gesamteinwohner-zahl	Anteilige Einwohnerzahl im Marktgebiet
Lindenthal	1/3	151150 Einwohner	50384 Einwohner
	Davon ¾ Marktgebiet 1	(vgl. Kölner Stadtteile-Informationen, 2017)	**Marktgebiet 1: 37788 Einwohner**
Ehrenfeld	1/12	107957 Einwohner (vgl. Kölner Stadtteile-Informationen, 2017)	8997 Einwohner
Frechen	1/20	49000 Einwohner (vgl.koeln.de Frechen, 2017)	2450 Einwohner
			Summe: 61831 Einwohner

Marktgebiet 1 wird mit 100% und Marktgebiet 2 mit 70% gewichtet. Das ergibt eine Summe von **51818 Einwohner.**

Bei einer Reaktionsquote von 12% berechnen wir 6.219 potenzielle Kunden.

Von diesen 6.219 potenziellen Kunden ziehen wir nun noch die Anzahl der Mitglieder unserer Mitbewerber aus. Da wir die genauen Mitgliederzahlen nicht kennen, rechnen wir mit einem Durchschnittswert von 0,73 Mitglieder/ qm Fläche bzw. 1,47 Mitglieder/ qm Trainingsfläche (vgl. Ausgewählte Managementprobleme in Fitnessstudios, 2011, S. 27), d.h.:

- Curati Medical Sports club

- ○ 730 qm Fläche (vgl. Curati club, 2016)
- ○ 730 qm x 0,73 Mitglieder = 533 Mitglieder.
- Gesundheitstraining Inka Liegmann
  - ○ 82 qm Trainingsfläche (vgl. Inka Liegmann Kursräume, 2017)
  - ○ 82 qm x 1,47 Mitglieder = 121 Mitglieder

→ 6.219 potenzielle Kunden – 654 Mitglieder Mitbewerber = **5.565 potenzielle Mitglieder für unser neues Gesundheitsstudio.**

1.5 Wettbewerbsanalyse

Curati Medical Sports club
(http://www.curati.eu/)

Das Gesundheitsstudio Curati Medical Sports club ist ein modernes Studio im Westen Kölns. Das Studio bietet medizinisches Fitnesstraining an Geräten, im Kurs sowie einen Wellnessbereich. Die Stärken des Studios liegen deutlich in der Ausstattung (sehr gute Geräte, große Auswahl trotz nicht allzu großer Größe) und in der Varianz des Kursplanes. Dies sind beides Stärken, die im FitMotion ebenfalls vorliegen. Seine Schwächen liegen darin, dass es einerseits keine Kinderbetreuung gibt – für Mütter/ Väter und/ oder Alleinerziehenden oft ein großes Entscheidungskriterium. Die Kinderbetreuung gibt es im FitMotion aktuell auch noch nicht – sinnvolle Maßnahme um in der Zukunft umgesetzt zu werden. Ebenfalls negativ fällt auf, dass es Freitags und Samstags keine Kurse gibt, jedoch Sonntags, was für jene, die am Wochenende Zeit mit der Familie etc. verbringen möchten, ungünstig ist. Der Kursplan des FitMotion wird sich auf unterschiedlichste Kurse von Montag bis Samstag ausbreiten, damit alle Bedürfnisse gestillt werden können.

Gesundheitstraining Inka Liegmann
(http://www.gesundheitstraining-liegmann.de/)

Das Gesundheitsstudio von Inka Liegmann besteht aus einem Kursraum und einem Schwimmbecken. In diesem Studio werden unterschiedliche Kurse angeboten. Stärken des Studios liegen in der guten Varianz der Kurse und der Möglichkeit der persönlichen Betreuung (weniger Mitglieder – mehr Zeit für jeden Einzelnen). Diese Stärken versuchen wir im FitMotion, trotz eines größeren Studios, ebenso umzusetzen. Die

Schwächen sind das Fehlen von Gerätetraining und das Fehlen des Wellnessbereiches, beides Dinge, die im FitMotion angeboten werden.

1.6 Beurteilung der Marktanalyse

Das gewählte Marktgebiet ist durchaus attraktiv für ein geplantes Gesundheitsstudio. Die Lage ist sehr positiv (etwas außerhalb, Parkmöglichkeiten), die Zahl der potenziellen Kunden hoch und die Mitbewerber halten sich in Grenzen. Die Einwohnerzahl Kölns wird in den nächsten Jahren weiter steigen und unsere Zielgruppe – Personen, mit gesundheitlichen Problemen – werden wir zu jeder Zeit in vielen Altersgruppen finden. Das Vorhaben, nach dem ersten Geschäftsjahr 700 Mitglieder zu haben, ist gut umsetzbar.

2 Marketingplanung

2.1 Budgetplanung

Die geplante Mitgliederzahl soll nach dem ersten Geschäftsjahr 700 Mitglieder betragen. Die erfahrungsgemäßen Marketingkosten betragen 40€ pro Neukunde. Berechnet man das Marketingbudget anhand der Methode „Marketingkosten pro Neukunde" kommt man auf folgende Rechnung: 700 Neumitglieder x 40€ = **28.000€ Marketingbudget**.

2.2 Kommunikationspolitik

Im Folgenden wird eine Vermarktungskampagne vorgestellt.

Das **primäre Ziel** der Vermarktungskampagne besteht darin, in den vorhergehenden **8 Wochen** vor der Eröffnung **150** sogenannte **„Der-frühe-Vogel-Mitgliedschaften"** abzuschließen (Inhalt: Der-frühe-Vogel-Mitgliedschaften; Ausmaß: 150; Zeit: 8 Wochen).

Um dieses Ziel zu erreichen werden folgende **Kommunikationsinstrumente** eingesetzt:

- Werbung
- Persönlicher Verkauf

- Öffentlichkeitsarbeit

Werbung:

- Ziel Werbung:
Um die Werbung als Kommunikationsinstrument unserer geplanten Vermarktungskampagne zu begründen, sehen wir uns zunächst die AIDA Formel an. AIDA = Attention, Interest, Desire, Action (siehe Schlaffke & Plünnecke, 2016. S. 161f). Zu allererst möchten wir das Interesse unser potentiellen Kunden erwecken (Attention), ihr Interesse für unser Angebot wecken (Interest), den Wunsch in Ihnen auslösen unser Angebot anzunehmen (Desire) und anschließend durch eine direkte Handlungsaufforderung dafür sorgen, dass sie sich für unser Angebot entscheiden (Action).

Persönlicher Verkauf:

- Begründung persönlicher Verkauf:
Der persönliche Verkauf ist in der Anfangsphase unseres neuen Studius von hoher Bedeutung, um von Anfang an eine Beziehungsebene zu den potentiellen Neumitgliedern/ Mitgliedern aufzubauen.
- Ziel persönlicher Verkauf:
Durch kompetente Beratung innerhalb von 8 Wochen (Zeit) 150 (Ausmaß) Der-frühe-Vogel-Mitgliedschaften (Inhalt) abschließen.

Öffentlichkeitsarbeit:

- Begründung Öffentlichkeitsarbeit:
Mit der Öffentlichkeitsarbeit soll das „Verständnis und Vertrauen in der Öffentlichkeit aufgebaut und gepflegt werden" (vgl. Weis, 1999, S. 491).
- Ziel Öffentlichkeitsarbeit:
Mit der Öffentlichkeitsarbeit wird der Bekanntheitsgrad erhöht und wir sorgen für einen Aufbau eines positiven Images, das in den kommenden Monaten/ Jahren weiter gepflegt werden soll.

„Der frühe Vogel fängt den Wurm – warum länger warten?" – das ist die zentrale Botschaft unserer Vermarktungskampagne. Mit dieser Aussage sollen die Interessenten direkt angesprochen und aufgefordert werden. Des weiteren regt der Satz „warum länger warten" die Interessenten zum Nachdenken an - ja warum eigentlich noch länger warten?! Der **Inhalt der Kampagne** ist in 3 Teile aufgebaut. Als Erstes wird eine Postwurfsendung stattfinden, bei der Flyer überall in unserem Marktgebiet verteilt werden. Diesen Flyern ist die Botschaft unserer Kampagne, sowie eine kurze Vorstellung unseres Unternehmens zu entnehmen (erste wichtige Informationen für den Interessenten). Ebenfalls können dem Flyer Beratungszeiträume entnommen werden, in denen man sich persönlich über das Angebot beraten lassen kann (Teil 2). Während dieser Beratungszeiträumen (Mo – Fr von 10-18 Uhr, Sa und So von 10-15 Uhr) kann man sich erste Räumlichkeiten des neuen Studius ansehen, sowie kompetent über die Möglichkeiten der Anlage sowie der exklusiven „der-frühe-Vogel-Mitgliedschaft" beraten werden. Jedes Neumitglied wird direkt nach Abschluss der Mitgliedschaft vor einer Leinwand fotografiert, auf der zu lesen ist „Ich möchte nicht länger warten!".

Nach 4 Wochen (Halbzeit der Kampagne) werden wir einen Zeitungsartikel verfassen, in dem einige dieser Bilder verarbeitet werden, der Termin der Neueröffnung genannt wird sowie die zentrale Botschaft unserer Kampagne „Der frühe Vogel fängt den Wurm – warum länger warten?" Damit wird auf einer emotionalen Ebene (Oh, diese Menschen sehen glücklich aus – das sollte ich auch machen!) Aufmerksamkeit geschaffen.

Der **zeitliche Ablauf (siehe Tab. 5 S. 9)** sieht aus wie folgt. Die Kampagne startet Anfang Juli mit den Postwurfsendungen, um möglichst viele Beratungstermine datieren zu können. Am ersten August-Wochenende wird der Pressebericht mit Bildern von Neumitgliedern veröffentlicht um weitere, bisher nicht erreichte potentielle Neukunden, zu erreichen. Eröffnet wird am 01. September, da zu diesem Zeitpunkt die Bereitschaft sich in einem Sportstudio anzumelden besonders hoch ist (Wetter wird kälter, es wird weniger Sport in der freien Natur betrieben). Um eine **Erfolgsmessung** vornehmen zu können, werden wir uns nach Abschluss der Kampagne die Anzahl der verteilten Flyer, die Summe der datierten und durchgeführten Beratungsgespräche sowie der Abschlussquote anschauen. Des weiteren wird in die Erfolgsmessung ebenso die verkauften Auflagen der Lokalmedien einfließen, die unseren Pressebericht veröffentlicht haben, sowie die Anzahl der Besucher am Eröffnungstag.

Tab. 5 Zeitlicher Ablauf Vermarktungskampagne

Inhalt	Anfang	Ende
Briefing der Mitarbeiter über Vermarktungskampagne	01.07.	01.07.
Entwerfen des Flyers für Postwurfsendung durch Grafiker	01.07.	03.07.
Postwurfsendung Flyer	04.07.	04.07.
Datieren der	04.07.	31.08.

Beratungsgespräche		
Durchführen der Beratungsgespräche + Verkauf Mitgliedschaften	04.07.	31.08.
Erstellung der Bilder für Pressebericht	04.07.	03.08.
Pressetext verfassen	01.07.	03.08.
Pressebericht erstellen (Bilder und Text zusammenführen)	03.08.	04.08.
Pressebericht an die Lokalmedien verschicken	04.08.	04.08.
Veröffentlichung Pressebericht	05.08. (Samstag)	06.08. (Sonntag)
Planung Eröffnungsfeier	07.08.	01.09.
Neueröffnung FitMotion	01.09.	01.09
Erfolgskontrolle	04.09.	04.09.

2.3 Werbeplanung

Es stehen **20%** des Jahresmarketingbudgets für Werbezwecke zur Verfügung (d.h. 5600€).

Um die verschiedenen Werbeträger beurteilen zu können, orientieren wir uns an folgenden **Kriterien** zu richtigen Auswahl der Werbeträger:

- „Reichweite (Anzahl an Personen, die erreicht werden)
- Zielgruppe und Affinität (Werbeträger muss von der Zielgruppe wahrgenommen und genutzt werden)
- Wirtschaftlichkeit (Kosten-Nutzen-Verhältnis) " (siehe Schlaffke & Plünnecke, 2016. S. 89f)

Für unsere Kampagne haben wir uns für **Flyer** (Verteilung per Postwurfsendung), einen **Artikel** in der Zeitschrift **Citynews** und die Werbung an **Litfaßsäulen (Plakate)** entschieden.

Begründungen:

- **Flyer**
  - ○ geringe Kosten – hohe Erreichbarkeit
  - ○ Informationen landen schriftlich beim potenziellen Interessenten (es kann keine Information vergessen werden)
- **Artikel in der Zeitschrift Citynews**
  - ○ hohe Erreichbarkeit
  - ○ lange Verweildauer

- Informationen landen schriftlich beim potenziellen Interessenten (es kann keine Information vergessen werden)
- **Plakate an Litfaßsäulen**
  - geringe Kosten
  - hohe Erreichbarkeit
  - gute Verweildauer

2.4 Kostenkalkulation/ Budgetvergleich bei der Werbeplanung

In der folgenden Tabelle werden die Kosten der oben ausgewählten Werbeträger/ Werbeflächen aufgezeigt.

Tab. 6 Kostenkalkulation

Posten	Kosten für	Summe Kosten (inkl. Mehrwertsteuer)
Flyer 70.000 Stück	Druck	831,53€ (vgl. Vistaprint, 2017)
Flyer Entwurf	Grafiker 3 Std. à 80€	240,00€
Postwurfsendung	Private Firma	1450,00€(vgl.Handzettelverteiler, 2017)
Plakate	Druck + Miete Litfaßsäule 12 Tage/ 5 Säulen/ Plakat	941,10€ (vgl. crossvertise, 2017)
Plakate Entwurf	Grafiker 3 Std. à 80€	240,00€
Artikel Veröffentlichung	Veröffentlichung Artikel in der Zeitschrift Citynews	2.918€
Artikel Entwurf	Berater 5 Std. à 70€	350,00€
		Gesamt: 6.971,63€

Ursprünglich war ein Marketingbudget von 5600€ eingeplant – dieses wurde um **1.371,63€ überschritten**. Mögliche **Optimierungsmöglichkeiten** wären z.B. die Postwurfsendung nicht von einer Firma übernehmen zu lassen, sondern sich **eigene „Verteiler"** zu suchen (Schüler, Studenten etc.) um sich Geld zu sparen. Des Weiteren kann man einen Zeitungsartikel **selbst** schreiben und lediglich von einem **Fachmann kontrollieren** lassen.

2.5 Synergieeffekte im Rahmen der Kommunikationspolitik

Die gesamte Unternehmensgruppe kann von gewissen Punkten profitieren, wie z.b. einer guten Außenwirkung, bestmöglicher Kostenreduktion, Zielerreichungen hinsichtlich Mitgliederzahlen etc. Um das zu erreichen ist es wichtig, Abläufe im Studio zu automatisieren, ein gutes Qualitätsmanagement zu haben und für eine hohe Kundenzufriedenheit zu sorgen. Wichtig dafür ist eine starke Corporate Identity (=die Identität des Unternehmens) zu haben, die das Erscheinungsbild, die Kommunikation und das Verhalten innerhalb und außerhalb des Unternehmens festlegt. Das ist nicht nur wichtig um dem Kunden ein positives Bild zu vermitteln, sondern auch um innerhalb des Teams ein gutes Gefühl und eine Zusammengehörigkeit zu entwickeln.

3 Abschlussstatement

Die Stadt Köln ist für alle zu bearbeitenden Unternehmenstypen attraktiv. Die Einwohnerzahl wird bis zum Jahr 2035 auf 1.029.700 Einwohner wachsen (vgl. Bevölkerungsprognose Köln, 2016), was ein Plus von 52.000 Einwohner ausmacht. Durch die hohe Kaufbereitschaft und die immer stärker werdende Bereitschaft, in die eigene Gesundheit zu investieren, wird die Gesundheits- und Fitnessbranche begünstigt, was sich positiv auf die einzelnen Unternehmenstypen auswirkt. Allgemeine Risiken sind wirtschaftliche Krisen/ Probleme, die sich negativ auf die Kaufkraft der Bevölkerung ausüben können. Ebenso kritisch zu beachten sind politische sowie gesetzliche Veränderungen, mit denen mögliche Gesundheitsreformen einhergehen, die ungünstig auf die Fitnessanbieter wirken (z.B. mehr bezahlte Maßnahmen der KK etc.). Branchenspezifisch betrachtet sind die Risiken hier im Bereich der Investitionshöhe (Geräte, Wellnessbereich, Personal → sehr teuer) sowie das Risiko, dass sich im direkten Marktgebiet ein neuer Mitbewerber ansiedelt, der Mitglieder abwirbt. Für alle Unternehmenstypen ist der Standort ideal und erfüllt alle wichtigen Kriterien. Hohe Chancen können allen 4 Unternehmenstypen zugesprochen werden, wobei der Discounter (besticht durch Preispolitik) besonders gute Chancen hat, da er an seinem Standort (Norden Kölns) eine sehr hohe Einwohnerzahl und kaum direkte Konkurrenz (andere im Discountbereich angesiedelte Fitnessstudios) hat. Das Fitness-Studio im Premium-Segment, mit einem guten und individuellen Konzept im Zentrum der Stadt, bietet ein großes Potential. Jedoch sind hier die bereits gut etablierten und erfahrenen

Konkurrenten im gleichen Marktgebiet nicht außer Acht zu lassen. Die Anzahl der bestehenden Discount-Fitnessstudios im näheren Umkreis, welche mit Billigpreisen werben, ist außerdem sehr hoch. Bezüglich der hohen Anzahl an Studentenhaushalten mit geringem Einkommen stellt das ebenso ein Risiko dar. Sowohl das Frauenstudio (Fitnesstraining nur für Frauen) als auch das Gesundheitsstudio (Medizinisches Fitnesstraining mit Blick auf gute Betreuung) haben ein gutes bis sehr gutes Potenzial. Durch die beiden Konzepte werden ganz bestimmte Zielgruppen angesprochen, die in diesen Marktgebieten zu finden sind.

4 Literaturverzeichnis

CuratiClub.(2016).*Curati.eu*. Verfügbar unter: http://www.curati.eu/index.php/club.html [Stand: 1. 5. 2017].

Etat-Kalkulator. (2014). Akteulle Daten, Fakten, Preise für die tägliche Marketing-, Kommunikations- und Werbepraxis. Stand: März 2016

handzettelverteiler.de ®, Wir verteilen Ihre Flyer! - Haushaltsverteilung. (2017). *Handzettelverteiler.com*. Verfügbar unter: http://www.handzettelverteiler.com/haushaltsverteilung/ [Stand: 3. 5. 2017].

Heinze, R., Römmelt, B. & Prof. Dr. Daumann, F. (2011). *Ausgewählte Managementprobleme in Fitnessstudios*. Sciamus – Sport und Management. Themenheft Fitnessmanagement I. Hof: Sciamus GmbH. Verfügbar unter: http://d-nb.info/1010983555/34 [Stand: 2. 5. 2017].

Kursräume - Gesundheitstraining Inka Liegmann. (2017). *Gesundheitstraining Inka Liegmann*. Verfügbar unter: http://www.gesundheitstraining-liegmann.de/kursraeume/ [Stand: 3. 5. 2017].

OpenRouteService. (2017). *Openrouteservice.org*. Verfügbar unter: https://openrouteservice.org/reach? a=50.927084,6.874195&b=1a&i=0&j1=12&j2=7&g1=-1&g2=0&h2=3&k1=en&k2=km [Stand: 27. 4. 2017].

Plakatwerbung - Kartenansicht | crossvertise. (2017). *Market.crossvertise.com*. Verfügbar unter: https://market.crossvertise.com/de-de/media/ooh/map? AddressMap=Lindenthal%2C+K%C3%B6ln %2C+Deutschland&SwLat=&SwLng=&NeLat=&NeLng= [Stand: 2. 5. 2017].

Schlaffke, W. & Plünnecke, A. (2016). Marketing. Saarbrücken: Deutsche Hochschule für Prävention und Gesundheitsmanagement

Stadt Köln. Die Oberbürgermeisterin. (Hrsg.) (2017). Frechen. Verfügbar unter: http://www.koeln.de/koeln/einkaufen/umland/frechen [Stand: 28. 4. 2017].

Stadt Köln.Die Oberbürgermeisterin. (Hrsg.) (2017). Kölner Stadtteileinformationen Einwohnerzahlen 2016. Verfügbar unter: http://www.stadt-koeln.de/mediaasset/content/pdf15/statistik-standardinformationen/k %C3%B6lner_stadtteilinformation_2016_si_1_2017.pdf [Stand: 1. 5. 2017].

Stadt Köln .Die Oberbürgermeisterin. (Hrsg.) (2016) Neue Bevölkerungsprognose für Köln liegt vor Verfügbar unter: http://www.stadt-koeln.de/mediaasset/content/pdf15/bevoelkerungsprognose-2035.pdf [Stand: 4. 5. 2017].

Stadt Köln. Die Oberbürgermeisterin. (Hrsg.) (2017). Neue Kölner Statistik. Verfügbar unter: http://file:///C:/Users/Susanne/Downloads/1081701_k%C3%B6lnerinnen_und_k %C3%B6lner_in_2016_ew_nks_1_2017.pdf [Stand: 2. 5. 2017].

Tusch, D. (2017). Der Fitnessmarkt nach Bundesländern. *The Huffington Post*. Verfügbar unter: http://www.huffingtonpost.de/dustin-tusch/fitnessmarkt-bundeslaender_b_7350554.html [Stand: 1. 5. 2017].

5 Tabellen- und Abbildungsverzeichnis

5.1 Tabellenverzeichnis

5.2 Abbildungsverzeichnis

BEI GRIN MACHT SICH IHR WISSEN BEZAHLT

- Wir veröffentlichen Ihre Hausarbeit,
  Bachelor- und Masterarbeit

- Ihr eigenes eBook und Buch -
  weltweit in allen wichtigen Shops

- Verdienen Sie an jedem Verkauf

Jetzt bei www.GRIN.com hochladen und kostenlos publizieren